SELF-PUBLISHING STARTER PACK

- Jumpstart per l'autore autopubblicato -

Bobby Fisher

JUMPSTART SELF-PUBLISHING

Con questo manuale intendo condividere la mia esperienza di autore self-published e darti una guida sintetica, esaustiva ed efficace per ottenere il massimo risultato possibile con il minimo (ma necessario) investimento economico e temporale.

Lascio tutti i fronzoli e commenti *filler* come:

"…la pubblicazione di un libro è un sogno che si realizza!"

"Complimenti! Hai raggiunto un risultato difficile da ottenere! Eccoti come fare soldi adesso…" a chi vuole cercare di arrichirsi riempiendo le pagine di parole inutili.

In buona sostanza, chi, come me tempo fa, si lancia o si sta lanciando in questa avventura, deve sapere che uno scrittore è tale se alla fine vende ALMENO 10.000 copie. Diversamente è solo uno che ha scritto qualcosa.

Ti concentrerò tutti i passi fondamentali per cercare di raggiungere l'agognato successo, senza nasconderti, anzi esplicitando chiaramente, tutte le criticità in cui ogni autore self-published si imbatte durante la scalata. Diventerai consapevole della strada che ti attende o che già stai percorrendo, imparando a usare armi che sottovaluti o non conosci affatto.

In quest'unico testo sintetizzerò tutto, dall'impostazione, alla scrittura, alla revisione, alla definizione del prezzo, alla pubblicazione, alla promozione stessa.

Nessuna catena di 12 volumi per affrontare bene e inutilmente ogni argomento. Niente enciclopedie pachidermiche che ingrassano l'ego di monotoni e prolissi scribacchini. Se non approfondirò un tema è solo ed esclusivamente perchè le informazioni sono già ampiamente, velocemente e liberamente reperibili presso i sistemi o strumenti che consiglierò.

Una guida rapida e sintetica che possa servire bene chi si sta cimentando nel bellissimo progetto di scrivere o intende avventurarcisi. Una lettura precisa, di modo che tu ti possa dedicare a quello che serve realmente per lanciare la tua opera sul mercato senza che venga macellata brutalmente o, peggio, ignorata come se non esistesse.

Perchè non troverai niente su di me? Perchè tengo alla mia privacy in modo maniacale. Gli altri miei scritti sono pubblicati sotto altro pseudonimo e non penso nemmeno per un istante di rovinare quell'idendità digitale creata con molti mesi di duro lavoro, associandola a questo manuale, che niente ha a che vedere. Ciò detto, ho sentito il desiderio di scrivere queste pagine per condividerle con voi. Avessi avuto la possibilità di leggerle, a suo tempo, avrei risparmiato centinaia di ore spese in cose inutili, ore che spero di risparmiare a te.

Non perdiamo altro tempo e andiamo dritti al punto.

1. IL RE NERO - IL CONTENUTO

"Il contenuto è tutto tutto ciò che serve! E' il Re!"

"Basta che sia di qualità e i soldi arriveranno!"

Lasciamelo dire chiaramente: frasette da bar.

Chiunque abbia un minimo di dimestichezza o abbia anche solo visto alla lontana una partita a scacchi, sa e capisce perfettamente che non è il Re a fare la partita. Il Re non è altro che l'unico pezzo che deve restare in campo fino alla fine. In pratica ci deve essere e punto.

La vera verità è che si tratta di una partita fatta di nervi, *timing*, di passi posati al momento giusto nel modo giusto e soprattutto di resistenza.

Non sto dicendo che una robetta scritta alla buona su tovaglioli di carta mentre si è avvolti quei 30 secondi dall'aurea dorata dell'ispirazione, non possa assurgere a best seller mondiale. Diciamo però che è abbastanza improbabile.

Ampliando il discorso, ci sono molti libri, film o contenuti in generale di qualità a dir poco 'discutibile' che però sono diventati *mainstream*... perché?

Hanno vinto la partita proteggendo un Re mediocre e puntando su altro... questo altro, se conosciuto, diventa un'arma invidiabile nel nostro arsenale in grado di fare la differenza tra la possibilità di diventare un nome e il rischio di essere condannati all'oblio.

Con ciò, ben lungi da me l'idea di dirti che la qualità possa essere bellamente ignorata. Anzi. Un testo raffazzonato, senza ritmo (qualunque sia l'ambito), scritto solo ed esclusivamente per compiacere l'ego di chi lo scrive, non sarà mai destinato a grandi incoronazioni.

***

Quindi! Come rendere un Re degno del suo nome?

Se dovete scrivere il prossimo best seller o lo state scrivendo, sarà meglio cercare di farlo con strumenti adatti ed efficaci.

Usa Scrivener come software di scrittura. Non ne esistono altri. Meglio, ne esistono ma non fanno bene il lavoro che fa questo. Non parlo solo dell'atto di scrivere in sé, ma quanto arriverà il momento di *compilare* e trasformare il tuo testo in un file pdf o mobi o epub o quant'altro con il formato tal dei tali e l'impaginazione XYZ, con o senza crocini per la stampa, eccetera... vorrai averlo fatto su Scrivener.

Come per tutte le cose ci va qualche ora di apprendimento per il suo utilizzo, sia per la scrittura e stesura del testo, sia per la compilazione, ma dopo non ne contemplerai mai più altri.

https://www.literatureandlatte.com/scrivener/overview

Hai già scritto il testo? Ottimo! Per il prossimo non dimenticarti di usare Scrivener.

- Fai sottoporre l'opera all'analisi di amici, parenti, persone più o meno fidate, lettori target PRIMA di pubblicarlo. Pregali per critiche sincere e sii pronto ad esse, anzi supplica che arrivino perché è il primo picchetto d'oro per iniziare l'arrampicata. Dai copie cartacee. Chi legge deve potere segnare, scrivere appunti, sottolineare e tu devi avere il tempo di rivedere con calma tutto. Pagina per pagina.

- Esamina ogni osservazione come se arrivasse dal più grande dei critici. Perché è così. Parti dal presupposto che il più grande dei critici, quello che decide la vita o morte della tua creatura nata in tanta sofferenza, è il lettore. E' vero che i critici 'di mestiere', personaggi in vista che hanno peso, possono determinare una più rapida o lenta ascesa (o morte prematura), ma se la partita è condotta magistralmente, nessuno di questi sfavillanti eroi potrà influire tanto da determinarne l'esito.

Un tempo era certamente così, ma ora ci sono molti sistemi grazie a cui bypassare, nel caso non fossero interessati a prendere in considerazione il manoscritto, il loro vaglio. Questo determina sicuramente un sovraffollamento di contenuti, anche con materiale scadente circolante (molto rapidamente autoselezionato dal mercato e dagli algoritmi dei portali in cui vogliamo esporre la nostra mercanzia), ma offre un'innegabile opportunità a quanti siano stati 'presi in considerazione' distrattamente o, meglio, non considerati affatto, per via della mole di richieste con cui i critici 'di mestiere' sono sommersi quotidianamente.

Questo, caro mio aspirante scrittore, è *l'eldorado* delle opportunità, non del successo. Anzi il raggiungimento del successo in sé, se vogliamo, è reso un po' più difficile in virtù dell'eccesso di materiale presente sulla piazza. E distinguersi può non essere affatto immediato. Mentre prima erano grossi editori ed eccelsi critici a selezionare cosa raggiungeva il mercato (e quindi la competizione era meno decisamente meno accesa), adesso l'avvento di Amazon ha disintegrato quelle che in gergo si chiamano *barriere all'ingresso*, facendo sì che la parte del crudele mietitore la faccia direttamente il Mercato, con i lettori e le loro spietate recensioni. Ma fa che arrivi un gladiatore come si deve nell'arena, e lo adoreranno e idolatreranno come nient'altro!

Per il successo serve un buon prodotto, lavoro duro, resistenza e tenacia. In sintesi, giocarsi magistralmente la partita.

- Correggi il tiro!

Perché sarà certamente da correggere. Sognando, immaginando, progettando e poi costruendo il testo, viviamo con molti *bias* di fondo, ovvero errori preconcetti, secondo cui diamo per scontato molte cose che, a quanti leggono per la prima volta, scontate non sono affatto. Quindi sarà senz'altro da correggere. Se sei uno scrittore particolarmente illuminato dovrai metter mano al 10% dell'opera... se hai preso qualche abbaglio in più ti toccherà rivederne ben di più. Ed è una notizia stupenda! Io personalmente ho baciato dove camminavano le persone che mi hanno fatto presente errori di contenuto a me completamente invisibili. Errori che mi hanno costretto a rivedere più del 30% di alcuni manoscritti.

Sono un incapace? Assolutamente no, vivevo semplicemente crogiolandomi nei *bias*, errori preconcetti ed ineliminabili.

Perché è una bella notizia? Ma perché non sarà il Mercato a dovertelo dire, macellando la tua opera con recensioni livorose! Spendi tutto il tempo che serve a implementare le correzioni e poi torna da altri potenziali 'correttori'.

Ricordati che ogni persona che legge per la prima volta il tuo testo e non ne abbia mai sentito parlare, è 'vergine' e il suo giudizio da tale, vale molto di più che non se venisse da qualcuno interpellato una seconda o terza volta. Quindi, dopo che avrai corretto il tiro, cerca altri 'vergini', che verghino le loro impietose sentenze sullo scritto.

- Reitera fino a ché non avrai raggiunto una dose di commenti positivi e poche perplessità (che comunque non mancheranno mai, dovranno essere solo di calibro trascurabile ai fini della pubblicazione.)

CONTENT IS KING!

Ma non è l'unica cosa.

Hai già scritto il tuo testo e lo hai fatto revisionare? Bene. Ma queste altre attività non sono da condurre sequenzialmente. Anzi! Richiedono tempo e vanno affrontate con anticipo.

Come dicevamo, come rendere il Re degno del suo nome?

- Mettiamogli un vestito regale!

La copertina conta tanto quanto il contenuto se sei uno sconosciuto signor nessuno. D'altra parte, non ti siederesti con lo stesso entusiasmo a un tavolo in un ristorante in compagnia di Scarlett Johansson, se questa fosse struccata, vestita con una salopette e occhiaie fino alle ginocchia… all'immaginario del gentil sesso propongo Tom Cruise in sandali, pantaloncini sotto il ginocchio e maglietta sporca 'I'm a mama boy'.

Va bene, un'occhiata velata di sogno non gliela negheremmo probabilmente, ma, diciamo che se avete una Scarlett o un Tom per le mani, non è detto che diventino i divi che ci aspettiamo. Serve tutto il resto del processo.

Quindi per uscir di metafora, la copertina del libro è sacra. Avete un cugino disegnatore? Conoscete qualcuno di abbastanza smaliziato con software di disegno e sufficientemente creativo? Scomodatelo! Non ne conoscete? Assumetelo. Non avete budget? Diventatelo.

Eccoti un buon punto di partenza se sei a zero sull'argomento.

https://99designs.it/

Prodotta un'eccellente cover (che altri avranno giudicato tale) e un ottima quarta di copertina, è il momento di passare ad altro.

La descrizione è ciò che in assoluto, insieme alla cover, porterà il lettore dalla seconda alla terza base. Quindi è il caso di diventare maniaco circa i paragrafi di descrizione da scrivere. Non entro oltre nel merito, starà alla vostra abilità comunicativa ed empatica stilare un migliaio di caratteri con cui far sognare chi legge. Studiate la concorrenza e quello che fa più presa su di voi. Da un punto di vista tecnico invece, dirò altro a riguardo più avanti.

- Il Re deve parlare come un Re!

Non ci deve essere un singolo errore di ortografia. Niente appare di meno professionale e risulta più fastidio a un papabile sostenitore del Re come sentirgli usare un condizionale sbagliato, fare un errore di dizione o un discorso sgangherato.

Controlla e ricontrolla decine (non dico tanto per dire) di volte il testo intero. Rileggi ogni singolo paragrafo in formati diversi. Stampalo su carta e rileggilo ancora. Credo di aver riletto più di cinquanta volte, per intero, ognuno dei miei testi. Fino alla nausea. In momenti diversi, a distanza di tempo, e dopo ogni revisione abbastanza corposa. Sicuramente non per una masochistica auto elogiazione. Ogni volta, ho trovato, stupendomi ogni santissima volta, di ritrovare errori di ortografia non identificabili dall'editor di testo, o frasi troppo criptiche.

- Facciamo che il Re abbia nobili natali!

Evitiamo di impregnare le pagine così faticosamente scritte con abluzioni rituali di inchiostro blu. Serve uno *storytelling* di contorno che spieghi a lettori potenzialmente interessati le sacre origini! Come sia stato concepito sul monte Olimpo in circostanze magiche attendendo congiunzioni astrali irripetibili... di questo ne parleremo quando scomoderò questioni di promozione.

- Fa che il Titolo sia regale!

Il Titolo, è quello che fa la parte del leone. Un titolo chiaro, deciso, che afferra l'attenzione, in linea con il genere, è una questione estremamente delicata e merita ogni fibra della vostra attenzione. Carburane più di una decina e screma nei mesi quello che suona meglio durante la stesura del testo. Più ci penserai, più si paleserà la soluzione migliore.

2. LA REGINA NERA - IL MARKETPLACE

Se è vero che lo sforzo di realizzare un prodotto eccellente è/è stato titanico, ti garantisco che le operazioni per venderlo saranno ben più impegnative. Per cui comincia pure a familiarizzare con una serie di nozioni, strumenti e attività che nulla hanno a che vedere con la scrittura. Ma non ti preoccupare, la sfida è esaltante e imparerai molte cose molto interessanti, al di là del fatto che ti saranno cruciali per la tua strategia di attacco.

Se il Re è il contenuto, la Regina è il nostro centravanti. Dobbiamo solo avere l'accortezza di aprirle una strada con gli altri pezzi perché possa sfondare le fila nemiche e arrivare dritta al cuore dell'avversario.

Le piattaforme su cui pubblichiamo, e io personalmente consiglio esclusivamente Amazon KDP e Kobo, con cui si copre la praticamente totalità del mercato (eventualmente youcanprint), permettono oltre a mantenere completamente i diritti di pubblicazione, di stabilire il prezzo a cui mettere in vendita il manoscritto (ne parleremo più avanti).

Niente di più semplice, a patto che tu abbia fatto tutto con Scrivener o chi per lui e abbia un file di copertina ad alta risoluzione già correttamente formattato nelle dimensioni che dette piattaforme richiedono.

Se abbiamo in mente di andare anche sul mercato internazionale, consiglio spassionatamente il formato 6x9 pollici.

AMAZON KDP

La nostra Regina, con cui possiamo cercare di falciare le linee nemiche. Mezzi e strumenti che se ben compresi facilitano in maniera impressionante il lavoro.

Parlerò principalmente di Amazon KDP (Kindle Direct Publishing), il più completo, funzionale e performante. C'è da dire infine che tutti, o quasi, comprano e si fidano di Amazon, per cui non essere lì, equivale semplicemente a non esistere. Detto ciò, le altre piattaforme funzionano in modo più o meno analogo.

Registrati su Amazon KDP.

https://kdp.amazon.com/it_IT/

Girovagando vedrai che sono sostanzialmente quattro le cose che puoi fare:

- Vedere la desolazione della tua libreria (vuota perché non ci hai ancora caricato nessun libro da vendere),

- Vedere la desolazione dei tuoi Report vendite (vuoti per lo stesso motivo di cui sopra),

- Accedere alla Community KDP, in cui autori si danno imbeccate su di loro per questioni più o meno tecniche, relative alla pubblicazione e via dicendo,

- Registrare un libro pubblicato al programma KDP SELECT.

La prima cosa da fare, quando si avrà una bozza di libro più o meno decorosa e pronta a ricevere gli onori della stampa, sarà di caricare il file. Dovrai scegliere se creare una versione ebook per kindle o una versione cartacea. Tutte queste operazioni possono essere fatte serenamente senza rendere disponibile per l'acquisto (ancora) il libro o l'ebook. Solo quando tutto sarà pronto si potrà procedere all'effettiva pubblicazione. La magia del self-publishing permetterà, quando e se vorremo, di fare degli aggiornamenti e correzioni del testo (se minime) o della copertina anche quando pubblicato.

Per ebook.

Verranno chieste molteplici informazioni tra cui; Titolo, sottotitolo, eventuale collana di appartenenza, categorie in cui rientra il testo, metatag, una breve descrizione dell'opera, data di pubblicazione. Quest'ultima è un'opzione valida solo per ebook. Se scegli una data nel futuro e pubblicherai oggi, il titolo sarà reso disponibile su Amazon per la prenotazione. Entro la data indicata da KDP sincerati che il file finale dell'ebook sia effettivamente caricato, o Amazon non ne sarà contenta non potendo consegnare l'ebook ai clienti che ne abbiano fatto richiesta. Il risultato è che per un anno non potrai mettere altri titoli in prenotazione.

Altre due considerazioni vanno fatte sui metatag. Queste non sono altro che parole che definiscono meglio l'ambito del tuo libro, parole in pratica che un lettore, in cerca di un libro da leggere, potrebbe digitare. Si parla molto dell'importanza di queste parole... la vera verità, a mio modesto parere, è che il potenziale lettore deve voler cercare proprio il tuo libro e se digita il titolo di questo o buona parte di esso, apparirà in prima linea senza se e senza ma. Come ottenere la cosa? Con la promozione, notorietà e brand awareness.

KDP ti chiederà i file del testo in formato mobi e il file di copertina. Una volta caricati potrai vedere (dopo che la piattaforma avrà macinato il tutto per un tot di minuti) in anteprima come apparirebbe il tuo libro su un kindle. Ciò detto, non ti fidare, perché ce ne sono di variabili che un browser viewer non riesce a ricostruire.

Per ciò scarica il file che KDP ha macinato e assemblato e invialo via mail al tuo kindle per fare un controllo. Come fare? Vai sui tuoi dispositivi nel tuo account personale Amazon (non KDP) cerca il tuo kindle, trova la mail associata e usala per inviargli il file del tuo libro che ti sei scaricato da KDP.

La prima volta non è immediatissimo, ma collaudato il processo e autorizzato l'indirizzo mail da cui ti mandi il libro, diventerai un abile controllore di quello che KDP ha effettivamente prodotto e intenzione di mandare ad un cliente che abbia acquistato l'ebook.

Su kindle potrai ora REALMENTE vedere quello che un lettore vedrebbe. Se le pagine di intro o appendice sono formattate bene, se vuoi più o meno spazi nella prima pagina di ogni capitolo, le immagini e via discorrendo.

Puoi infine stabilire il prezzo.

Altre considerazioni le faremo più avanti, ma per adesso ti basti sapere che per l'ebook, se stai sotto i 9,99€ avrai diritto al 70% di royalties del prezzo meno un tot a dimensione del file. In pratica, per farla semplice, fatto 10€ il prezzo di copertina, il profitto sarebbe di 7€ meno un tot in base a quanto 'pesa' il file che Amazon ha dovuto consegnare via internet all'acquirente. Se ci sono molte immagini nel testo, studia come comprimerle e come ottenere il massimo della risoluzione (almeno 300 dpi) con il minimo del peso possibile (in jpg). Per gestirle senza perderci la testa, sono sufficienti siti online che fanno proprio questo di mestiere, incamerano la tua foto e te la restituiscono compressa oppure programmi davvero base di fotografia. Non ne indico perché ce ne sono effettivamente una marea.

Se il tuo libro non prevede immagini, stappa lo champagne, a meno che tu non abbia scritto 8 milioni di pagine, il file peserà davvero poco.

Se invece volessi stabilire un prezzo superiore ai 9,99€ Amazon KDP ti riconoscerà royalties per il 30% del prezzo senza 'costo di consegna', ovvero a prescindere dal peso del file. Va da sé, che prezzare un libro 11€ non sarebbe una cosa particolarmente intelligente...

Però alcuni testi, magari specialistici, potrebbero costare anche un centinaio di euro! Questo potrebbe quindi fare al caso tuo.

Per il titolo cartaceo:

Il processo è identico, eccezion fatta per il fatto che KDP qui chiede un ISBN. Un libro lo deve avere, un ebook no. Il codice che identifica univocamente a livello mondiale il tuo libro. Questo può essere fornito gratuitamente da KDP (potrai pubblicare solo ed esclusivamente su Amazon e far stampare copie cartacee solo lì).

Diversamente puoi prenderti la briga di acquistare uno o più codici ISBN per i fatti tuoi. Consiglio:

https://www.isbn.it/

L'assistenza clienti è rapida ed efficiente e tu non hai idea di cosa significhi avere a disposizione un'assistenza rapida ed efficiente quando vuoi autopubblicare un testo. Per inciso, l'assistenza KDP è fenomenale. Ti garantisco che la userai e poterci contare quanto arriveranno i fibrillanti momenti della *messa in onda* del tuo libro, è una vera panacea! Inciso nell'inciso, non ti spaventare se appena pubblicato il libro appare come disponibile per l'acquisto fra 6 mesi o dal 1900… sono previste tempistiche che vanno dalle 24 ore ai 5 giorni lavorativi perché i davvero articolati sistemi informativi di KDP allineino tutti i dati.

Riprendendo il discorso, nel sito web sopra indicato potrai acquistare uno o più codici ISBN da autore self-publishing, che ti verranno consegnati nella tua area personale e che dovrai attivare assegnandogli informazioni varie del libro, tra cui titolo, sottotitolo e via dicendo. Questo ti rende libero di far stampare e vendere altrove il tuo libro e non solo su Amazon. Se mai prenderà piede la tua Opera, sarà libera di essere esportata ovunque tu desideri, senza dover fare delle correzioni significative in corsa.

KDP poi ti chiederà due file da caricare, il pdf del testo correttamente formattato per la dimensione che hai scelto, e un file di copertina che includa la quarta. Qua KDP ha uno strumentino excel che ti permette di sapere, in base al numero di pagine e formato, la dimensione esatta che deve avere l'immagina di copertina fino allo zero virgola.

Dovrai poi scegliere il tipo di carta, se color crema (più riposante per gli occhi e che consiglio spassionatamente) o bianco puro. Puoi far stampare a colori se ci sono immagini, al prezzo di un occhio della testa… su questo passa serenamente oltre.

Ti chiederà poi il prezzo a cui vendere il titolo (per il cartaceo le royalties sono fisse, e sono il 60% del prezzo di copertina dedotto il costo di stampa. Facendola semplice, se stampare il libro costasse 3 euro e il prezzo al pubblico da te impostato fosse 13, ti metteresti in tasca 6€. A prescindere dalla fascia di prezzo le royalties sul cartaceo funzionano così.

Ti verrà chiesto poi dove vuoi che sia acquistabile il tuo libro, ovvero se solo su amazon.it o anche su amazon.com, .de, .fr e via dicendo… e non vedo perché si dovrebbe negare la cosa. Da ultimo ci sarà un'opzione per la distribuzione estesa, ovvero grossi distributori possono stampare in autonomia e rivendere nelle loro catene di distribuzione fisiche. Su queste copie vendute, avrai royalties ridotte, ma di nuovo, perché negarsi possibili vendite?

Analogamente, come per l'ebook, anche qui KDP premacinerà i file datigli in pasto e ne assemblerà uno. Con il previewer ti puoi fare un'idea di come apparirebbe, cover e libro. Ma anche qui mi sento di dissuaderti dal fidarti fino in fondo.

Consiglio spassionatamente di richiedere bozze stampate (libri stampati al costo di stampa su cui ci sarà una banda grigia che testimonia il fatto che non siano vendibili) e fartele recapitare. Queste servono per vedere che la copertina sia effettivamente ben centrata e renda bene (con effetto lucido o opaco), sia il testo sia perfettamente editato.

Oltre a permettere un check visivo e tattile, sono copie da offrire in pasto ad amici, parenti e così via per essere sottoposti al loro ferreo vaglio.

Dopo tutta questa carrellata: carta sì, carta no?

E c'è da chiedere? Carta sì! Non è neanche da contemplare il contrario! Io mi chiedo, perché mai nell'era del Print On Demand, qualcuno dovrebbe prediligere di pubblicare esclusivamente in formato elettronico. E' una cosa che mi fa perdere il sonno quando leggo qualcuno dissertare negativamente in materia o vedo un autore che si autopubblica che lo fa solo in formato elettronico. Perché tirarsi la zappa sui piedi in questo modo, visto che le piattaforme di self-publishing prevedono anche detta possibilità? L'unica accortezza richiesta è formattare un minimo bene il pdf (attività ridicola con Scrivener) e la copertina, per darle in pasto alla piattaforma.

Ma infine e soprattutto:

- Perché negare ad un lettore il piacere di scegliere? C'è chi ama sfogliarli i libri, chi vuole tornare su alcune pagine, chi fa delle orecchiette per rileggere le frasi... perché glielo volete togliere visto che è a costo zero?

- Il cartaceo avrà sicuramente costi più alti (di produzione) ma rimarrà sugli scaffali, starà nelle mani del lettore facendo pubblicità mentre lo legge in giro, e ci permetterà la magia di rendere anche più attraente la versione ebook (che costerà per forza di cose di meno....).

3. L'ALFIERE NERO - ALTRI MERCATI?

KOBO

Come ti ho già detto, una volta passati attraverso la pubblicazione su KDP, ti ci vorranno non più di 10 minuti netti per pubblicare il tuo ebook anche su KOBO. Quando tutto è ben calibrato, pronto e pubblicato su KDP, fallo anche qui.

WATTPAD

Va bene se sei alle prime armi, e anche qui, come tutte le cose, ci va tempo e molta interazione per crescere e ottenere visibilità. Come quasi tutti i sistemi, è studiato più per alimentare sé stesso e cioè la produzione di contenuti e l'attività al suo interno, che non effettivamente far conoscere un autore e aumentare le sue vendite. In sintesi, ritengo che il tempo investito su questa piattaforma per far crescere il proprio nome e la propria opera sia mal remunerato per un autore esordiente.

Ovviamente funziona non bene, ma splendidamente, per quanti raggiungano la vetta di visibilità, con migliaia di visualizzazioni... il fatto è che per arrivarci è richiesto troppo tempo e troppa interazione nella Community.

Ho personalmente scansato questa strada e preferito investire il mio tempo in sistemi più *ripaganti*. Non è detto che per te invece non possa funzionare ovviamente.

TRADURRE E PUBBLICARE ALL'ESTERO

Se intendi autopubblicare all'estero, il processo è il medesimo e Amazon è la Via Maestra.

Ma ti debbo redarguire su un paio di questioni.

La traduzione professionale, a meno che tu non ti possa avvalere di un amico madrelingua pronto a sobbarcarsi il compito davvero oneroso di tradurre il tuo bambino, può arrivare a costare una cosa come più di 20.000€ per un libro di 400 pagine.

"Cosa?!"

Eh già. Un professionista, ti chiederà oro. Gente più a buon mercato, per la stessa mole di lavoro, ti può chiedere 2.000-5.000€. Ma come si spiega questa abissale differenza? Semplicemente per gli strumenti impiegati e la qualità del lavoro. Un traduttore degno di questo nome non si limiterà ad un lavoro fatto con google Traductor o software semiprofessionali analoghi, ma entrerà nel cuore del vostro libro e stenderà nuove intere frasi. Ci sono una miriade di espressioni che non possono essere tradotte *tout court* ma richiedono la profonda conoscenza della lingua. Tanto per cominciare se intendi far tradurre, a prescindere da quanti potresti pensare di interpellare scartabellando i CV, fa in modo che sia un madrelingua della lingua di destinazione.

In pratica l'investimento è *monstre*.

Ma attenzione! Non tutto è perduto! Amazon ci soccorre nuovamente, e profila una interessantissima opportunità.

Amazon Crossing! Se la tua Opera dimostrerà un ottimo ritorno in termini di vendita e interesse una volta pubblicata, puoi far richiesta su Amazon Crossing e dopo 3-4 settimane di valutazione, il tuo titolo potrebbe essere selezionato per essere tradotto in lingua inglese da un professionista. Gratuitamente!

Quindi il mio consiglio finale è: prima cerca di far diventare la tua Opera un cavallo di battaglia in terra domestica, lasciando stare investimenti davvero importanti, che non è detto che rendano. E solo dopo, se il tuo Libro avrà dimostrato di essere un capolavoro acclamato dal Mercato, dedicati alla sua possibile traduzione per invadere di altri Mercati.

Sì ma… no questo, no quello, no quell'altro… in favore di cosa?

4. LA TORRE NERA - LA PUBBLICAZIONE

La Corte, fa del Re, il Re.

Mi perdonerai il gioco di parole, ma il punto è che servono lussuose dame e illustri seguaci. Qualcuno che batta le mani a ogni sospiro del Re, annuisca indefessamente ed esclami parole di amore incondizionato a ogni gorgheggio dell'Altissimo o, meglio, del suo umile portavoce...tu.

Il Re (il Libro) verga sentenze con il suo contenuto e non è chiamato a fare un millimetro di più di tutto ciò. Sta però al suo portavoce (tu) preparare il discorso del suo Signore, e più lo fa con toni adeguati e altisonanti, più attira la platea.

Non parlo di bieco marketing, o di promozione pompata a forza di Euro. Significa che un libro va raccontato prima di essere venduto o lanciato. Senza necessariamente parlare del libro stesso. Anzi. Vanno trovati argomenti che interessino e intrattengano i Target Reader (quella silenziosa platea osservatrice alle spalle della nostra *claque*, in attesa di formare un giudizio sul Re. Giudizio che la farà abbracciare con leale fedeltà il nostro Libro o la farà volare verso altri lidi). Attirata l'attenzione del pubblico 'freddo', che cioè apprende per la prima volta della nostra esistenza, bontà nostra e del nostro fedelissimo entourage, insistere e farlo diventare 'caldo', cioè potenzialmente pronto all'acquisto in buona sostanza. In materia mi dilungherò parlando di influencer e micro influencer più avanti. Qui, scomodo questioni più tecniche.

KDP SELECT

Parlando di questo programma, che purtroppo non può esprimere ancora appieno il suo reale potenziale (enorme) in Italia, si può dire che altro non è che rendere un nostro titolo ebook, caricato e pubblicato su KDP, disponibile a utenti che sottoscrivano un abbonamento. Così facendo coloro che vivono per leggere e che pagano una quota di circa 10€ mensili possono accedere ad una vastissima libreria fatta dei libri ivi registrati. Il titolo verrà quindi proposto nelle due formulazioni, per l'acquisto al prezzo che avete stabilito voi, o per la lettura gratuita se il papabile acquirente ha già aderito come lettore al programma Kindle SELECT.

Gli indubbi PRO per l'autore che registra il titolo sono:

- Gratuità dell'iscrizione, che dura tre mesi e che può essere rinnovata di volta in volta,

- Visibilità maggiore del proprio titolo presso Kindle SELECT,

- Possibilità di promuovere l'ebook e darlo in regalo per giorni precisi. La cosa comporta la possibilità di aumentare il numero di recensioni e diffusione, ma non la scalata della classifica e dell'algoritmo con cui Amazon proporrà il vostro libro.

I CONTRO:

- La retribuzione sotto il cappello SELECT avviene con uno 0,00qualcosa pagato per ogni pagina del vostro libro che sia stata letta da un iscritto al programma. Ciò significa che verrete pagati, molto poco, solo per le pagine effettivamente lette. Se il libro non, passatemi il termine tecnico, *tira* davvero tanto, è un problema.

- Amazon proporrà in prima battuta all'acquirente che stia miracolosamente cercando il vostro titolo, l'adesione al programma KDP SELECT a 10€ al mese, e quindi non l'acquisto del titolo stesso. Solo cercando un po' meglio il papabile acquirente potrà trovare il tasto per l'acquisto una tantum dell'ebook...

La vera forza di questo programma è la possibilità di proporre l'ebook in offerta con promozioni sul prezzo, normalmente non prevista per i titoli non registrati. Se hai iscritto a SELECT il tuo ebook, potrai effettivamente pensare di impostare fino a 5 giorni di vendita del titolo al 50% per esempio. Ottimo davvero in fase di lancio e se sei sconosciuto. Splendido se vuoi raccogliere recensioni iniziali attirando con offerte da metà prezzo!

Bene, ma perché è nei contro allora?

Perché nella realtà dei fatti questa meravigliosa possibilità funziona solo per lo store amazon.com e non amazon.it. Ragion per cui solo chi comprerà su amazon.com (mercato statunitense) vedrà e potrà comprare il titolo secondo la promozione impostata. Sullo store nazionale, amazon.it, funzionerà solo la promozione grazie a cui lo date gratuitamente.

Un vero peccato, ma fino a ché non implementeranno la funzionalità di siffatte promozioni anche sullo store italiano, faccio fatica a comprendere il motivo per cui un autore dovrebbe registrare il proprio libro a SELECT a meno che non lo quoti sotto i 3€.

Amazon chiaramente spinge un potenziale acquirente del vostro testo all'adesione al programma SELECT (se il vostro titolo è registrato) piuttosto che la vendita una tantum dell'ebook (pur sempre possibile). E non potendo usare le promozioni, unico vero punto di forza... lascerei perdere.

Ultima cosa che funziona solo sullo store Amzon.com e che, parlandone, cito qui per farvi soffrire ulteriormente, è la splendida possibilità di promuovere il libro e l'ebook con screen ads. Ovvero *sparare* con campagne dedicate la vostra fantastica copertina professionale sugli screensaver dei kindle di potenziali Target Reader! Fantastico vero? Meraviglioso! E invece no. Non è ancora possibile farlo in Italia.

Giustamente mi potrai dire, "Ma io vedo cover di libri italiani sullo screen saver del mio kindle!" e avresti ben ragione a farmelo presente. Non fosse per il fatto che sono venditori terzi, registrati presso il sistema Seller Central di Amazon. Sono aziende che vendono sul marketplace Amazon come tali e per ciò hanno accesso a strumenti (possibilità di mettere in promozione per periodi di tempo a piacimento, ampliare la scheda di descrizione del libro con immagini e altro…), che noi poveri scrittori self-published ancora ci sogniamo. Al momento è così.

Ho molestato in lungo e in largo diversi centri assistenza (non solo quello KDP) non soddisfatto delle risposte trovate sui vari tutorial o FAQ o Community… e non c'è margine di manovra sulle cose appena descritte per lo scrittore che si autopubblica.

Anzi, aggiungerò che la scheda descrizione deve essere entusiasmante, come già detto, e può essere imbellettata al meglio solo con poco codice HTML consentito da Amazon. Ultimo *hint* che spendo in materia (errore di Amazon) è che nella descrizione del libro ebook si può impiegare anche il codice <hr>, che introduce una linea continua di separazione tra due contenuti, molto estetica. Cosa non altrettanto ben digerita dalla descrizione che può essere introdotta nella versione cartacea (con ogni probabilità dette descrizioni sono affidate a sistemi diversi, che hanno stringenze diverse) ed anzi, qua, anche se previsto da Amazon stessa, non si riesce ad usare neanche il codice <q> per *citare* una frase.

Qui tutti i codici che dicono essere ammessi per imbellettare la descrizione.

https://kdp.amazon.com/en_US/help/topic/G201189630?ref_=pe_732701_40986281

Appena avrai pubblicato il tuo primo titolo, sarai libero di andare su AUTHOR CENTRAL, altro servizio di Amazon che ti permetterà di scrivere una biografia dell'autore. Inserisci una foto professionale, poiché apparirà sulla pagina del libro che l'acquirente potrebbe voler comprare.

Fuor di questioni tecniche invece, non esiste un momento particolarmente migliore perché un libro sia pubblicato. Scoprirai che la metabolizzazione di un libro per un autore self-published è tendenzialmente lunga perché si possa arrivare al desiderabilissimo passaparola. E questa velocità è potenziata dalla lunghezza del testo, da quanto colpisce a fondo il lettore che lo macina, che rapidità di distribuzione ha e quanto la promozione e lo storytelling del libro e dell'autore sia efficace nelle reti che impostiamo.

Quindi, se pensi di sfruttare un periodo festivo come quello estivo o natalizio, pubblica e sii pronto con tutte le attività che ti descriverò successivamente almeno un mese prima, di modo che quando arriverai a ridosso delle feste, tu abbia la possibilità di promuovere un prodotto già digerito e 'avvallato' da diversi lettori. Un prodotto *comprabile*.

5. LA REGINA BIANCA - IL LETTORE

Per non uscire dalla metafora della partita a scacchi, se è vero che "Content is King!", è altrettanto vero che il Lettore è la Regina... avversaria. Prenderla, sbilancerebbe e non poco le probabilità in nostro favore. Per cui vediamo come potremmo fare.

Che temi tratta il tuo libro?

E' un romanzo? Un thriller? Un testo specialistico? Una raccolta di poesie? Una serie di racconti? Lo ben saprai, e chi meglio di te, che l'hai scritto appassionatamente, può sapere chi potrebbe essere il Lettore Target? In questo gioco di ruolo, sta a te identificare il TR (*Target Reader*), capire abitudini e interessi cross, età media, sesso e via discorrendo...

Non dovrai assumere alcun investigatore, ma tutte queste cose, messe insieme, ti serviranno per costruire un contesto che faccia del Re un Re desiderabile.

Sì ma perché?

Per stendere contenuti limitrofi utili ad attirare l'attenzione e per definire il prezzo corretto. Se da una parte dobbiamo essere in grado di parlare la stessa lingua del nostro TR, dall'altra dobbiamo capire come fare qualche quattrino per continuare a coltivare il nostro sogno di scrivere.

Ora, sono certo insieme a te che la tua opera sia di inestimabile valore, ma tu non essere altrettanto certo che anche il TR la troverà tale e sarà disposto a pagare senza storcere il naso. Anzi, all'inizio, potrebbe essere ben più che sensato investire a perdere, ovvero cercare di ottenere poco niente se non ritorno in termini di numero di vendite e recensioni. Vendere a margine zero non è comunque una cosa facile, e non perché tu non ti metti in tasca nulla, ma perché comunque il prezzo potrebbe fermare anche il più convinto dei TR.

C'è da considerare poi che in certi contesti, il prezzo è quella che si dice una *proxy* di qualità del prodotto, ovvero un termine con cui un acquirente stima a priori (in maniera più o meno giusta) la qualità di quello che sta acquistando.

Se sto acquistando un manuale specialistico di nicchia, per esempio, sulla resistenza dei carichi strutturali delle dighe... mi aspetterò che il prezzo sia ben corposo. Se sto comprando un romanzo perché non so come oziare oggi pomeriggio sulla sdraio in spiaggia... la mia propensione all'esborso sarà ben minore.

Sì ma quindi?

Quindi sono due le strade che ti suggerisco:

Benchmark con i concorrenti.

1. definire il prezzo basandoti su titoli più o meno analoghi per categoria, lunghezza, genere, qualità e via discorrendo (concorrenza quotata e già rodata) in una libreria o su Amazon o ovunque tu voglia.

2. Quotare il prezzo di copertina almeno un 10-15% in meno. Dopotutto se ti autopubblichi, da una parte hai royalties più alte, d'altra parte non puoi subito pensare di reggere il confronto con la potenza di fuoco di grossi editori che schierano in campo dei cannoni per la promozione che sicuramente non hai. In ultima battuta, è giusto che tu lasci sul piatto qualche euro in nome del fatto che la tua proposta, molto difficilmente potrà essere completa, accattivante ed esaustiva sotto tutti i punti di vista. D'altra parte non ti puoi avvalere di un team di trenta persone che curi ogni aspetto del tuo Libro, dalla cover, alla revisione, all'editig, alla promozione...

Percentuale fissa di Profitto, a prescindere dalla concorrenza.

* * *

Il prezzo è molto facilmente definito decidendo a priori che il proprio margine netto deve essere una percentuale fissa.

In definitiva la strategia più sensata e che perseguo è quella di pesare le due.

Fare le prime vendite, se sei sconosciuto e senza esserti costruito una base lettori di partenza è davvero difficile. Ci vuole tempo, bisogna lavorare e promuovere duramente. Quando i primissimi lettori si affacceranno incuriositi alla vostra pagina per acquistare il libro, sarà perché li avrete contattati direttamente o indirettamente (grazie a campagne di social o influencer, o fan sfegatati del genere che non perdono una novità). Queste creature fantastiche saranno da trattare come se fossero il cristallo più prezioso esistente sulla faccia della terra. Senza svendere la tua dignità e senza supplicare, dovrai conquistarli, convincerli a leggere il libro, e, senza essere pressante, pregare per un commento.

Se entusiasti, hai fatto centro! Il TR è giusto e l'opera ha collezionato il tuo stramaledetto primo feedback positivo di un lettore pagante!

E' davvero il momento di sederti e goderti la frazione di secondo. Dopo di ché rialzati e torna immediatamente al lavoro. Ne devi cercare e convincere a decine. Uno a uno.

"Ma non posso mica convincere un lettore alla volta!"

Invece sì. Se non hai una base da cui partire, diciamo una mailing list costruita ad arte con un blog, sporcati le mani convincendo i lettori uno a uno e torna in contatto dopo un ragionevole lasso di tempo chiedendo come procede la lettura, fino a chiedere gentilmente recensioni a coloro siano particolarmente entusiasti. La cosa ti aiuterà in maniera oscena a identificare con maggior precisione il TR e motiverà follemente quanti tu abbia personalmente contattato a promuoverti, a parlare di te e a recensirti. Il Passaparola! Dopo qualche settimana, avrai collezionato, se avrai lavorato bene e comunicato meglio, recensioni a sufficienza da essere diventato credibile... in una sola parola, esisterai.

Non è scattata la scintilla e i TR interpellati, non rispondono o sono solo tiepidi, giusto per cortesia? Probabilmente non sono i veri TR. Non disperare e cerca meglio.

Se proprio non ne dovessi trovare... o c'è un problema su come li approcci, o c'è un problema di contenuti. Nel primo caso, potrebbe essere il momento di pensare a un Social Media Manager (SMM) che medi per te, nel secondo caso, come immagini, il problema è più serio, sostanziale, ma non irrisolvibile.

In questo caso devi fare un bel po' di passi indietro e ritornare al contenuto. Dopo aver insistito tanto, tutto il lavoro fatto, senza riscontri positivi, è facilissimo sentirsi frustrati e voler mollare. Se sei testardo come me, e te lo auguro, non farlo. Torna indietro, ringrazia per questa lezione, e maledici quanti (te incluso) non sono stati abbastanza spietati nel giudicare la bozza del tuo manoscritto.

6. IL CAVALLO NERO - L'IDENTITA' DIGITALE

Il lavoro è difficile, e se non vuoi passare altre decine di ore a capire come funziona Facebook Business Manager e Google Ads, e come si impostano campagne per la notorietà del brand o per la vendita o il Facebook Pixel da legare al sito del tuo libro, o ad avere dimestichezza con termini come cost per clic (CPC), copertura, *impression*, e via discorrendo... ti consiglio di assumere il già citato Social Media Manager. Questa figura sta prendendo sempre più piede, e giustamente. Ne potrai provare ad assumere uno per il tuo progetto in questo gruppo facebook, molto attivo e denso sia di SMM alle prime armi, sia di SMM navigati (anche nel campo dell'editoria). Il gruppo in questione è *Social Media Marketing Italia*.

Non mi addentro, perché qui davvero bisognerebbe aprire una parentesi lunga un altro libro, ma mi soffermo su ciò che ho imparato e questo non lo troverai spiegato in un tutorial di Facebook o di Google. Questo è essenziale che tu lo sappia, se ti ci vuoi avventurare in prima persona senza l'ausilio di un SMM.

Raggiungere le persone impostando una campagna sui principali social (Facebook, Instagram, il più recente Tik Tok) è relativamente semplice, a patto che siano veicolati bei contenuti e possibilmente *intrattenenti*. Bei contenuti significa video accattivanti. Puoi fare presentazioni personali, ma se non ami, come me, esporti in prima persona e desideri tenere riservata la tua identità, ci sono strumenti semplici che ti permettono grandi risultati alla stregua di quelli professionali. Un occhio attento o indagatore noterà la non professionalità del contenuto, ma per tutti gli altri un sarà come se il video da 12 secondi fosse stato girato da Nolan, a un milionesimo del costo chiaramente.

Strumenti che permettono come ottenere un video da un immagine ad esempio!

Pixaloop prima di tutti. Con questa applicazione per smartphone, puoi tirare fuori dei video stupendi da una foto. Ci vuole, anche qui, come per tutte le cose, un minimo di dimestichezza ma imparato cosa può fare la versione a pagamento, ti stupirai tu stesso di cosa hai realizzato in davvero poco tempo.

Videoleap è un'altra app della casa produttrice che permetterà di aggiungere al video appena realizzato effetti, musica e sottotitoli, tanto da fare dei cortometraggi spettacolari partendo da foto…normali.

Fai ogni foto o video con un formato quadrato, il formato digerito quasi ovunque fu Facebook e Instagram. Con i video non superare i 12 secondi, e se riesci scegli una musica d'accompagnamento che vada bene per il loop (la maggior parte delle piattaforme auto riproduce all'infinito il video, quindi evitare uno stacco della musica per farla ripartire da 10 secondi prima, risulterebbe sgradevole.)

Quando avrai contenuti da caricare e condividere ti toccherà scegliere il pubblico target, un altro vero dolore. Scegli termini che tu stesso ricercheresti e, approssimativamente parlando, arriva a definire un pubblico grande 10.000 unità ogni 10€ che intenti spendere. Un buon pubblico di partenza è nell'ordine dei 250.000 - 1 milione di persone.

Sì ma dove indirizzarli? Per cosa? Gli obiettivi possibili per le campagne social cambiano sensibilmente e non ci sono risposte univoche. Dipende molto da dove ti trovi in questo momento.

Non ti nascondo che all'inizio c'è da perdersi tra campagne, raccolte di inserzioni e inserzioni. Non so se abbiano implementato facebook business manager (con cui gestire anche le promozioni su instagram) volutamente complicato e con più di qualche bug apposta per dar l'idea di essere al comando di una nave da crociera… sta di fatto che tra numeri, indici, indicini, messaggi pop-up, obiettivi e via dicendo, ce ne vorrà un po' per capire come spendere i tuoi soldi senza lasciarci le penne.

Per darti un'idea di quanto mi sono cimentato nella cosa, sono persino arrivato a creare un'inserzione che prevedesse la possibilità di un utente di avviare una conversazione con un bot (un programma pre impostato che fornisce risposte in tempo reale). Da solo facebook non arriva a permettere tanto, serve appoggiarsi a servizi esterni. Ciò detto, mi sono divertito, ma non ha sortito i risultati sperati anzi, sottoperformava. Incredibilmente efficace è stata invece introdurre la possibilità di dialogare 1:1.

Se sei nella fase di revisione del tuo libro, potrebbe essere il momento di cominciare a manifestare la propria esistenza, costruire quella che si chiama brand awareness e raccogliere potenziali TR!

Indirizzali verso una pagina di raccolta indirizzi mail. Ecco che scende in campo Mailchimp. Questo è un'altro servizio che fa magistralmente il suo dovere. Ti permette di creare link dedicati con form di registrazione per gli utenti che vogliano rimanere informati sull'uscita del libro. Permetterà inoltre di creare mail automatizzate di benvenuto e molto altro. Un toccasana per raccogliere adesioni pre lancio (ma anche e soprattutto per raccogliere in un pool i lettori che lo abbiano finito, magari con un codice QR a fine libro! Cosa farci? Bè, chiedere recensioni, avere già una base di partenza per il prossimo libro, ringraziarli con una cartolina a casa!)

Se hai finito e hai già pubblicato il libro, altra tentazione per una campagna social potrebbe essere impostare come obiettivo la vendita. Lo sconsiglio vivamente. Il pubblico freddo, che non ti conosce, avrà una propensione alla conversione, ovvero all'acquisto, prossima allo zero a meno che tu non abbia fatto una comunicazione davvero magistrale. E per magistrale, qui intendo da Oscar. Sarebbe budget sprecato. E' meglio attendere che il libro sia positivamente metabolizzato da molti, e quando avrai un discreto consenso e un ottimo numero di recensioni e potrai appoggiarti ad una solida rete di partenza, allora le campagne di conversione sono un vero volano per le vendite. Prima di allora, investi tempo e denaro nel farti conoscere! Reindirizza le persone su un sito web vetrina (e mi raccomando se lo vuoi realizzare fa che sia professionale e moderno. Meglio non averlo affatto se non è tale e se non è condito di contenuti adeguati!). A tal proposito, e se sei un produttore di articoli, Wordpress farà al caso tuo. Acquista un dominio e sbizzarrisciti nel creare il tuo sito vetrina. Non che sia oltremodo indispensabile, ma serve per l'indicizzazione su google. Quando un TR sentirà parlare del tuo libro e lo proverà a cercare su google, più pagine web ci sono che parlano del libro, più sarà ben identificato e credibile da Google stesso. Il motore di ricerca presenterà contenuti ottimizzati in chiave SEO e più pagine intrecciate tra di loro ci sono, meglio identifica quello che il TR sta cercando e meglio riuscirà a indirizzarlo sulla nostra pagina di vendita.

Non vuoi averlo? Allora reindirizza le campagne social su una pagina dedicata su Facebook o Instagram!

Personalmente, avendo usato in lungo e in largo entrambi, consiglio spassionatamente Instagram.

Facebook si presta di più a contenuti testuali. Tu mi dirai:

"E io non sto vendendo un libro? Meglio di così!"

Hai ragione, ma va alimentato in maniera estremamente costante e ha una 'reach' (capacità di entrare in contatto con le persone, anche coloro che seguono espressamente la pagina!) molto più bassa. Per avere visibilità è necessario spendere budget più alti che non su Instagram.

Al contrario questo secondo permette di raggiungere persone che non ci conoscono grazie agli hashtag. Se ne possono usare fino a trenta per ogni post, il ché ci permette potenzialmente di raggiungere persone già interessate in quei macro temi, per così chiamarli.

Correda un post di una splendida foto, meglio ancora se un bel video fatto con Pixaloop, scegli fasce orarie adeguate (le 11:00, le 15:00 o le 20:00), soprattutto nel week end, aggiungi un buon testo che incuriosisca e quanti più tra questi hashtag,

#libri #leggere #books #bookstagram #libridaleggere #book #libro #booklover #librichepassione #instabook #lettura #instalibri #reading #citazioni #frasi #amore #letteratura #scrivere #consiglidilettura #poesia #parole #leggeresempre #librisulibri #libribelli #love #pensieri #leggerechepassione #libreria #letture

e pubblica 2-3 post al giorno.

Ovviamente gli hashtag sono da personalizzare in base al proprio libro e alcuni, anche se sembrano non attinenti, servono a raggiungere filoni *mainstream*.

Un po' alla volta, meticolosamente, otterrai dei follower. Quando comincerai ad averne più di 1.000, vuol dire che qualcuno 'ti considera'. Più ne avrai, più sarai ritenuto credibile e indovina un po'? Più venderai.

Evita di seguire più di 300-500 profili. Evita qualunque programma o software che faccia crescere in maniera non 'umana' e illecita il numero dei tuoi follower, Instagram lo vedrà e ti bloccherà e quand'anche non lo facesse, non ti serve essere zeppo di follower falsi o non in target.

Fa le cose bene, e velocemente diventerai un esperto. I risultati arriveranno e i follower anche.

7. I PEDONI BIANCHI - LE LIBRERIE

Potrei sintetizzare in due parole: lascia perdere.

Le librerie hanno processi di acquisto e logiche che ti precludono al 99% di accedere ai loro canali distributivi a meno di farti carico di costi e logistica quasi impossibili da gestire per una singola persona. Molte non acquistano in conto assoluto i libri che rivendono (ovvero hanno la possibilità di ridarli al distributore se invenduti) e pagano a uno, due o tre mesi di distanza. Infine comprano molto spesso titoli che sanno in partenza di poter vendere, di autori già molto quotati o che sanno saranno sponsorizzati in maniera importante da un editore. In buona sostanza ti dovresti caricare sulle spalle una gestione complessa con cicli di cassa e scadenze di pagamento per cui dovresti essere il commercialista, il contabile, il magazziniere e l'avvocato di te stesso... senza contare che dovresti ordinare copie cartacee per l'autore da KDP (che KDP gentilmente ti spedisce al prezzo di costo e che puoi rivendere per i fatti tuoi dove ti pare) farle spedire alla libreria X, fare ricevuta, gestire gli ordini, la contabilità...

Davvero. Lascia perdere.

Ho personalmente tentato di scalfire il muro, contattando più di 3.000 librerie con comunicazioni efficaci, mirate e che hanno avuto anche un soddisfacente riscontro. Dopo aver parlato e discusso con alcuni librai, il risultato si è concluso in un nulla di fatto. Portare le librerie fuori dai loro canali abituali, è stato per me impossibile. A fronte di questa esperienza, ti consiglio vivamente di investire le decine di ore che io invece ho speso in questo tentativo infruttuoso, altrove. Avevo persino organizzato un processo automatizzato e ben oliato di registrazione della libreria, degli ordini, degli incassi, passando per il mio sito web, paypal e mailchimp, parecchio articolato ma fluido, con cui non ti ammorberò. Giusto per spiegarti che avevo fatto le cose molto seriamente, risolvendo buona parte delle difficoltà di gestione in capo all'autore self-publishing.

Non aggiungerò altro per dissuaderti (se mai ti dovesse venire questa malsana tentazione), se non che ho speso intere settimane, studiando a fondo le dinamiche della filiera, capendo i punti critici a cui dover rispondere, dove potersi infilare e come, senza dover diventare un distributore a tutti gli effetti.

Io personalmente non ho contemplato la possibilità di autopromuovermi facendo serate di presentazione presso librerie, per ragioni di tempo a disposizione e di privacy, a cui tengo troppo. Se pensi, probabilmente potrebbe essere una strada meno invisa quella di presentarsi presso la libreria con copia del proprio libro per concordare la possibilità di organizzare una serata... ma di librerie ce ne sono davvero tante...

Nel caso, ti auguro una buona fortuna.

8. I PEDONI NERI - GLI INFLUENCER

Dove spendere il tempo dunque?

Ma naturalmente su persone che hanno fatto della loro vita la lettura! Onnivori che masticano migliaia di parole ogni giorno, cercando e trovando il libro da poter proporre come nuova rivelazione ai loro seguaci.

Gli influencer!

Basti sapere che queste creature vengono ampiamente interpellate anche dagli editori tradizionali per promuovere i propri libri. Persone raggiungibili, comuni, umane, e soprattutto che sono liete di risponderti.

Ti fornirò una lista di persone in vista su Instagram che ho selezionato, con un range dai 2.000 ai 50.000 follower, e che sono sorprendentemente attive, organizzate ed efficaci nelle loro recensioni. Ti dico da subito che le loro recensioni delle opere, che devono essere fornite loro gratuitamente (la maggior parte le richiede cartacee, e a ragione, perché le foto che fanno per i post sono delle vere e proprie opere d'arte!), sono sincere e obiettive. Gli influencer, in parte, vivono di questo lavoro, ma nella totalità lo fanno veramente per passione.

Se interpellati, devi essere certo della qualità del tuo libro, ma questa, la diamo per scontata. Se scontata non è, torna pure al primo capitolo e arenati lì fino a ché non ne esci con valutazioni eccelse da quanti la prendono in mano.

Molti influencer, come dicevo, sono onnivori. Mangiano qualsiasi testo, ma ce ne sono una infinità di specializzati in generi e categorie particolari dai 1.000 ai 15.000 follower cadauno. Per questi, ti lascio compito di cercarli autonomamente.

Eccoti la lista in ordine di importanza. Se ho tralasciati alcuni BIG, è un'omissione volontaria. E' quasi impossibile avvicinarli. Hanno raggiunto per così dire il nirvana e avere la loro attenzione appare come avere udienza da un agente molto quotato o da un editore. Quelli che ti propongo sono estremamente in gamba, rispondono (alcuni con i loro tempi), sono organizzati e pronti a dare una mano, rispettando umanamente lo sforzo dello scrittore. Qualora la recensione non dovesse essere positiva, alcuni propongono di non pubblicarla in accordo con lo stesso scrittore che ha chiesto loro di recensire il libro. Alcuni richiedono un contributo, che trovo corretto, per il carico di lavoro, l'organizzazione che ci vuole e per il ritorno in termini di immagine e pubblicità del libro.

Regolati tu su chi e quanti muovere, anche in base al budget che intendi movimentare per sostenere la tua opera.

No pain, no gain.

In ordine di qualità (non sempre per volume di follower!)

Librianociblog, con una platea di ben 37.000 follower, sono due ragazzi davvero in gamba e professionali. Cordiali, presenti, tempestivi nelle risposte e pronti a recensioni azzeccate, con foto eccezionali ed un'organizzazione encomiabile. libriamoci.blog@gmail.com -> Chiara

Libriano, con una platea di 44.000 follower, è una ragazza in grado di ottenere un'elevatissima interazione con i post e di cui mi sento di sponsorizzare appieno il lavoro. Non c'è altro da aggiungere. libriamo@yahoo.com -> Vanessa

Solounaltrocapitolo con 9.300 follower.   m.grazia321@gmail.com -> Mariagrazia

Onlybookslover con 11.000 follower.   Onlybookslover@gmail.com -> Arianna

* * *

Pilloledipuarole con 11.800 follower. Pillole.di.parole94@gmail.com -> Maria

Raffalibri con 10700 follower. Raffaella.spano91@icloud.com -> Raffella

L'officina del libro con 17.000 follower. Addio.sara@gmail.com -> Sara

Solo un'altra pagina con 12.000 follower. Solounaltrapagina@gmail.com -> Cristina

Rivolgersi e ottenere una collaborazione con costoro, significa potersi rivolgere direttamente ad una platea di più di 100.000 persone interessate e pronte a munirsi dell'ultima novità consigliata dai loro guru, ammettendo che il vostro genere sia abbastanza *mainstream*.

Detto ciò, è possibile far avere loro copie in advance reading (organizzatevi e contattateli con mesi di anticipo perché sono sempre sommersi dalle richieste) e organizzare post e recensioni secondo le vostre esigenze di lancio e promozione. Fate in modo che tagghino il vostro profilo e che la vostra pagina social sia pronta a ricevere l'attenzione dei curiosi e che ovviamente rimandi alla pagina di acquisto del libro!

Infine ci sono una miriade di siti web fuori da Instagram che offrono recensioni, diversi a pagamento, alcuni gratuitamente, sui loro canali comunicativi.

Non ci perderei la testa.

9. TORRI E ALFIERI BIANCHI - GLI EDITORI, GLI AGENTI, I CRITICI

Questi sono soggetti che esulano dallo scopo di questa guida, sebbene li abbia ampiamente valutati, come tutti del resto.

E' estremamente difficile essere selezionati da un editore importante ed essere pubblicato e promosso da esso. L'unica cosa che non trovo sensata però, è aver prodotto un libro, revisionato decine di volte e poi doverlo lasciare in un cassetto perché non contemplato da un editore o da un agente.

Lo sforzo titanico fatto, merita il vaglio, meglio, l'incoronazione o la mannaia, del mercato. Non ricevere risposta o attenzione da uno di questi pilastri dell'editoria convenzionale, non è di per sé un'ostracizzazione, né che la vostra creatura debba essere messa per forza di cose all'indice.

Significa che in quel preciso momento storico, non ha sortito l'interesse delle persone che ne hanno esaminato la sinossi. Non vuol dire che il Mercato non possa averne...

Ovviamente non vuol nemmeno dire che il Mercato ne avrà. Però, perché non dare una chance alle centinaia di ore di lavoro che avete faticosamente instillato nella vostra creatura? Ore sottratte a molto altro?

Ma perché devono necessariamente configurarsi nella squadra avversaria?

In questo gioco, tu ti autopubblichi, e se non sei con loro... bè, non è che tu sia contro di loro, ma sicuramente non sono pronti a stappare lo champagne quando l'ennesimo autore deciderà di autopubblicarsi 'sporcando' il loro mercato. Se pubblichi e promuovi un romanzo in concomitanza con l'uscita di un altro, promosso da loro, non potranno certo dirsi contenti. La stessa cosa varrà per te del resto. Non stai alimentando il loro sistema, sebbene tu abbia sicuramente desiderato farne parte.

Invece potrebbe essere decisamente più interessante presentarsi agli occhi di un editore con un credit record più consistente. Avendo tu sostenuto la maggior parte del rischio imprenditoriale e magari riscosso un bel ritorno in termini di entusiasmo e vendite, è più facile essere presi in considerazione e sortire l'interesse di un editore o di un agente quotato, anche se il manoscritto è già stato pubblicato.

10. IL CAVALLO BIANCO - INTERNET

Internet è un mondo meraviglioso, fatto di anfratti in cui è tanto facile quanto immediato perdere decine di ore inutilmente. Ci sono migliaia di professionisti pronti a predicare l'ultima ruggente novità, quella pronta a farvi fare il salto, i soldi a palate con pochi euro e con poco sforzo e, in definitiva, non posso esimermi da questa schiera.

L'unica differenza (non di poco conto a ben vedere) è che sono personalmente passato da questo processo e ho ottenuto risultati a forza di studiare ogni ambito, commettendo decine e decine di errori. Investendo estenuanti ed innumerevoli ore in attività che non hanno prodotto alcun risultato e che ora ho avuto il piacere di metterti nero su bianco in queste pagine affinché tu possa beneficiare da questi errori. Analogamente ho trovato oro in cose che meritano la tua piena attenzione, e che ho sinteticamente riassunto qui.

E in ultima analisi, non ti sto dicendo che ti garantisco il successo al vantaggioso costo di questa guida. Sono qui a dirti che il successo in questo ambito non si tratta solo di sognare, scrivere e aspettare che i soldi ti piovano addosso. Sono qui a dirti che la strada è irta, fatta di decine e decine di sfide molto diverse da quelle che ti saresti aspettato, ma emozionanti ed esaltanti. Ed ogni stramaledetto tassello che riuscirai a piantare, ti avvicinerà di un soffio alla volta ad una meta che pochissimi agguantano.

Per ciò, le mie congratulazioni per voler scrivere, i miei complimenti se vorrai intraprendere questa strada, ma la mia sincera ammirazione se riuscirai ad arrivare in fondo, compiendo tutti i complicati passi richiesti per vincere la partita.

Qua ti raccolgo tutti i link che ti saranno indispensabili per il tuo lavoro

* * *

SCRIVENER - https://www.literatureandlatte.com/scrivener/overview

AMAZON KDP - https://kdp.amazon.com/it_IT/

AMAZON KDP FAQ - https://kdp.amazon.com/it_IT/help?ref_=TN_help

AMAZON KDP Centro Assistenza Contatti - https://kdp.amazon.com/it_IT/contact-us

AMAZON SELECT - https://kdp.amazon.com/it_IT/help/topic/G200798990

AMAZON AUTHOR CENTRAL - https://kdp.amazon.com/it_IT/help/topic/G200644310

KOBO - https://www.kobo.com/it/it/p/writinglife

WATTPAD - https://www.wattpad.com/

YOUCANPRINT - https://www.youcanprint.it/facile-ed-economico/pubblica-vendi-libro.html

Creazione contenuti e cover

Cover DESIGN99 - https://99designs.it/categories

Caratteri e Font per la cover e quarta MYFONTS - https://www.myfonts.com/

Immagini per cover e contenuti promo - SHUTTERSTOCK - https://www.shutterstock.com/it/

Video promo - https://promo.com/

PIXALOOP - https://www.pixaloopapp.com/

VIDEOLEAP - http://videoleapapp.com/

Se volessi trovare un esperto a tutto tondo ART STATION - https://www.artstation.com/

Creare e gestire mailinglist: MAILCHIMP - https://mailchimp.com/

Creare e gestire bot per app di messaggistica: MANYCHAT - https://manychat.com/

Promozione online

FACEBOOK BUSINESS MANAGER - https://business.facebook.com/

SOCIAL MEDIA MARKETING ITALY - https://www.facebook.com/groups/Social.Media.Italy/

Aumentare follower su INSTAGRAM - https://www.andreapostiglione.com/

PROFILI BLOGGER INSTAGRAM

Libriamociblog libriamoci.blog@gmail.com -> Chiara

Libriamo libriamo@yahoo.com -> Vanessa

Solounaltrocapitolo m.grazia321@gmail.com -> Mariagrazia

Onlybookslover Onlybookslover@gmail.com -> Arianna

Pillolediparole Pillole.di.parole94@gmail.com -> Maria

Raffalibri Raffaella.spano91@icloud.com -> Raffella

L'officina del libro Addio.sara@gmail.com -> Sara

Solo un'altra pagina Solounaltrapagina@gmail.com -> Cristina

***

Usare più link nella biografia di Instagram LINKTREE - https://linktr.ee/

Creare un sito web da zero WORDPRESS - https://wordpress.com/

(Non permette l'acquisto di domini .it. Per questo è necessario acquistarlo da altri provider come ARUBA e poi trasferirlo o impostare un redirect.

11. IL RE BIANCO

Chi è il Re bianco?

Tu.

"Che diavolo stai dicendo?!"

Una cosa banale probabilmente, ma vera come la luce del sole.

La partita che stai giocando, la stai giocando solo ed esclusivamente contro te stesso. Passami il l'espressione, ma davvero non si tratta di una sciocchezza da guru improvvisato.

Non è una casa editrice che ti nega udienza, un lettore che ti critica spietatamente, un influencer che ti condanna, un parente che ti sbeffeggia, o tua moglie/marito che ti guarda giudicandoti mentre decidi di spendere altri soldi su un libro che "non bucherà mai!", il vero nemico.

Il tuo peggior e unico reale antagonista, sei solo ed esclusivamente tu.

Il tuo ego nel rifiutare critiche sul tuo operato.

La tua mancanza di perseveranza nel non riuscire a rivedere per la centesima volta il manoscritto che ancora soffre di fluidità o chiarezza.

La tua assenza di costanza nel presentarti sorridente ed entusiastico al centesimo lettore che sbuffa leggendo l'introduzione che hai riscritto per la milionesima volta.

La tua non voglia di dover imparare cose che niente hanno a che vedere con la scrittura: Instagram, promozione, marketing, vendita, contabilità, web design, illustrazioni, produzione di contenuti e chi più ne ha più ne metta...

* * *

Non ti posso dire che vincerai la partita certamente, ma prendi il Re bianco, e, prima o poi, la vincerai.

E POI?

Questa guida non ha bisogno d'altro. Ogni altra parola in più sarebbe superflua.

Avendo scritto libri da più di 500 pagine, saprei come riempire capitoli all'inverosimile fino a mettere insieme centinaia di pagine, ballando come un matto intorno ai contenuti, definendoli e ridefinendoli in ogni loro accezione e sfumatura fino a perderne la visione d'insieme e il loro significato. Non è lo scopo di questa guida. Lo scopo di questa guida è farti prendere consapevolezza e farti venire voglia di picconare. Non ti voglio distrarre dal tuo reale obiettivo che è quell'insieme di attività descritte nelle pagine precedenti. L'intenzione di questa guida è indirizzare con mano ferma la tua attenzione e il tuo tempo laddove ha senso investirli, ragion per cui, ora che sai, dedicatici.

Fine unico di queste pagine è stato condensare e raccogliere in poche frasi l'esperienza di anni di lavoro, per permetterti di essere il più efficiente ed efficace possibile, e far sì che l'Opera che scriverai, o che stai scrivendo, o che hai già scritto, abbia una reale chance di sfondare.

Se senti mancare qualcosa, è perché è così. Io non desidero altro che farti venire la fame delle cose giuste. Le altre, dimenticatele e lasciale agli altri.

E poi?

Buon lavoro, e in bocca al lupo.

Ci vediamo dall'altra parte!

Bobby Fisher

www.ingramcontent.com/pod-product-compliance
Lightning Source LLC
Chambersburg PA
CBHW030535220526
45463CB00007B/2838